Fantasyland Editi

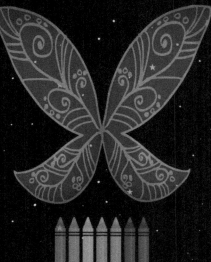

O fantástico mundo das fadas

Livro de colorir relaxante para amantes da mitologia

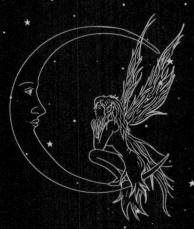

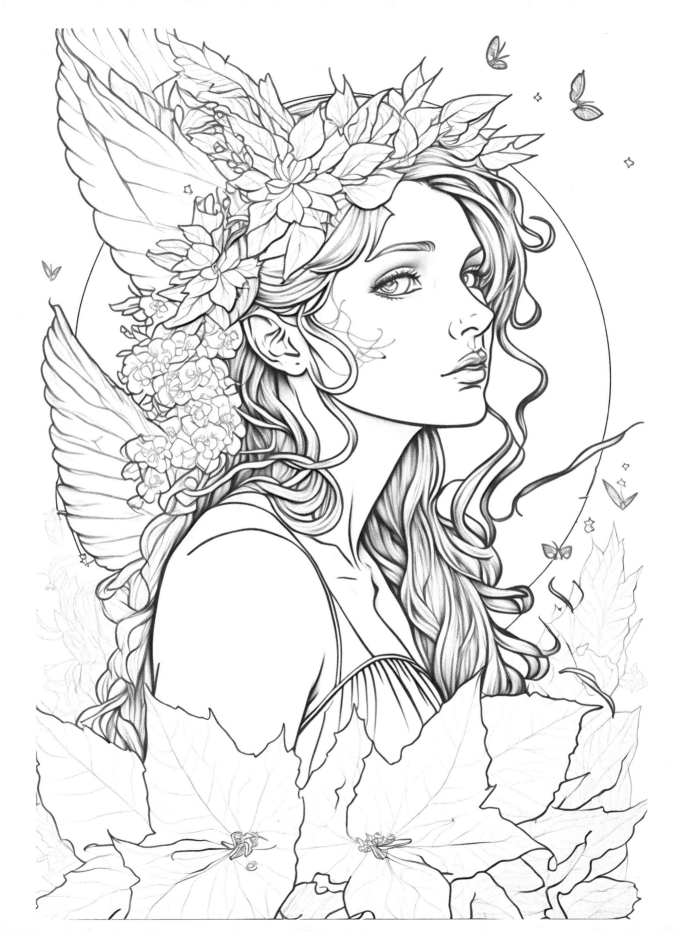

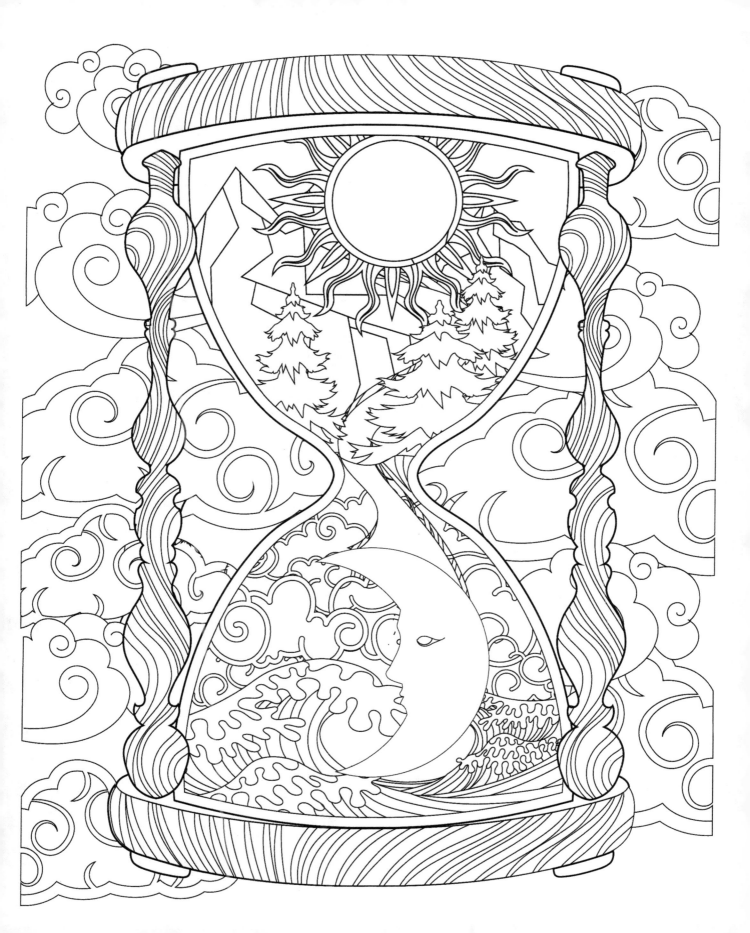

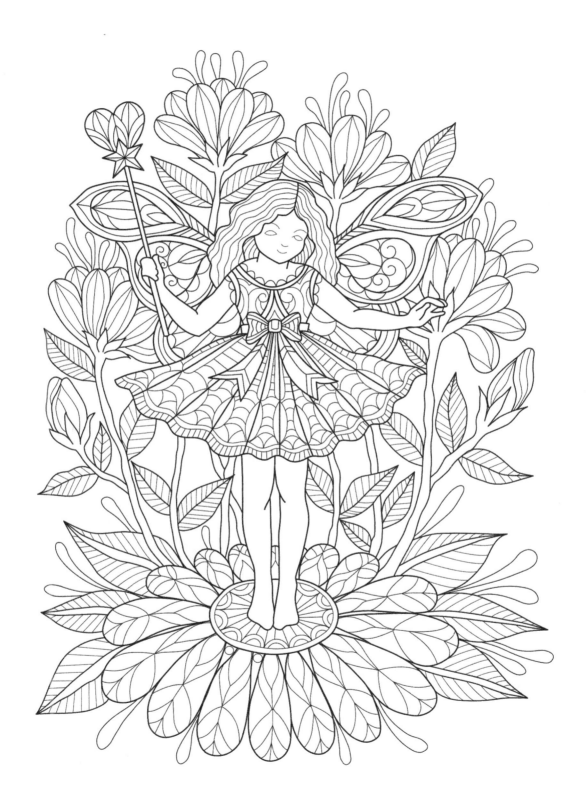

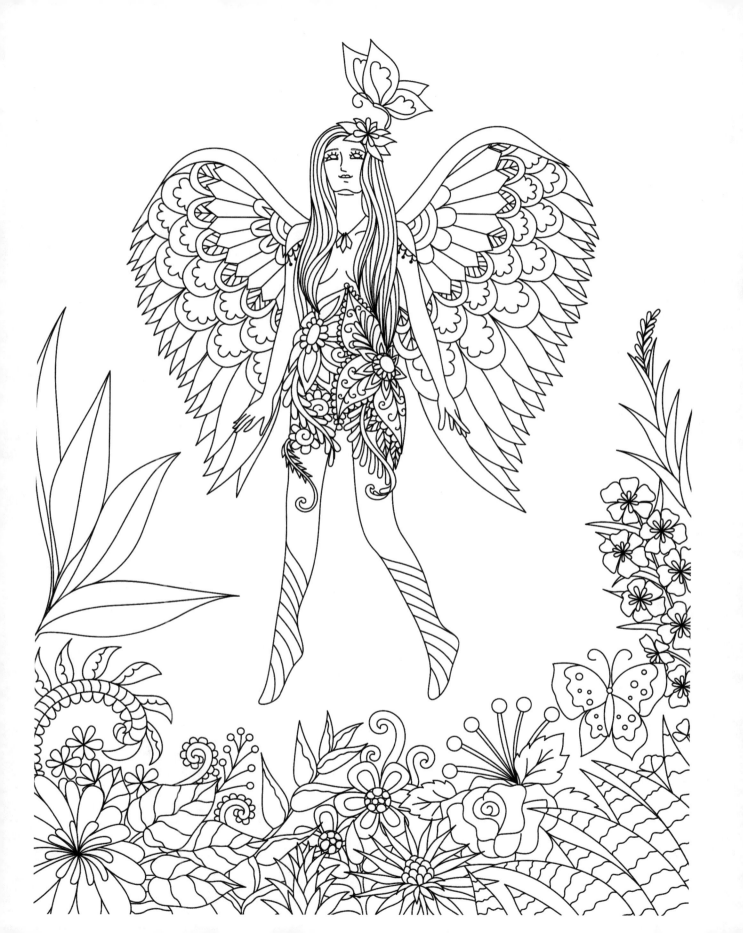

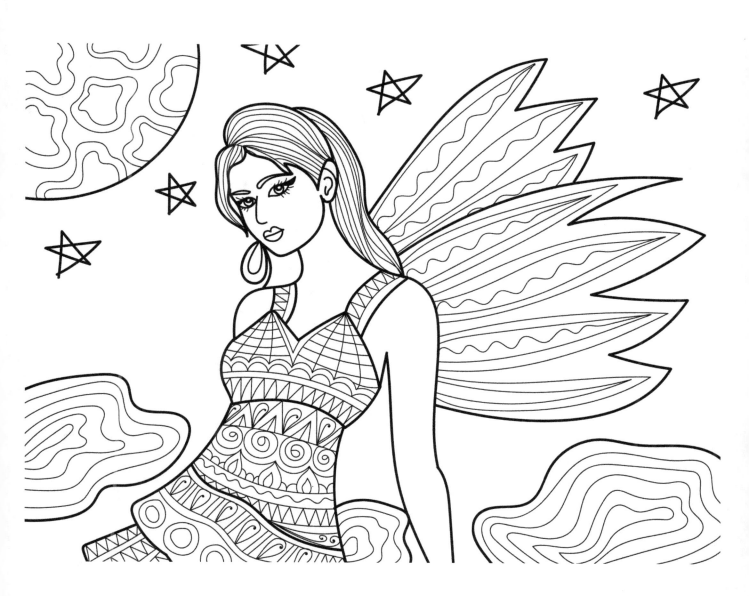

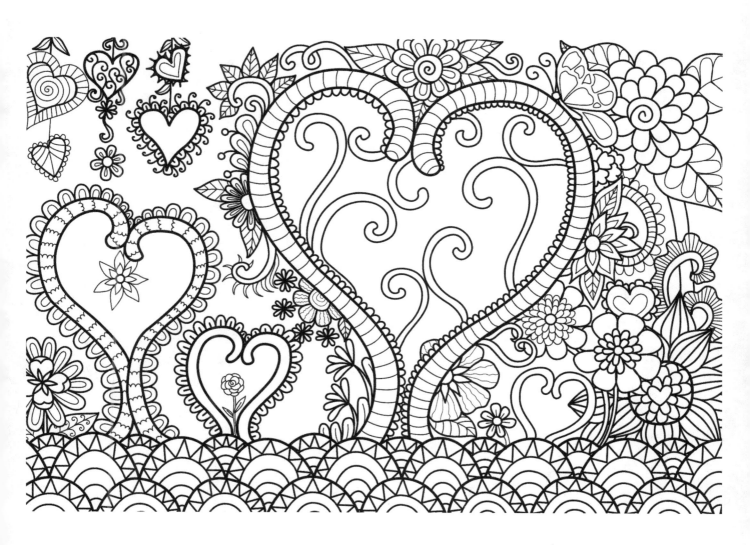

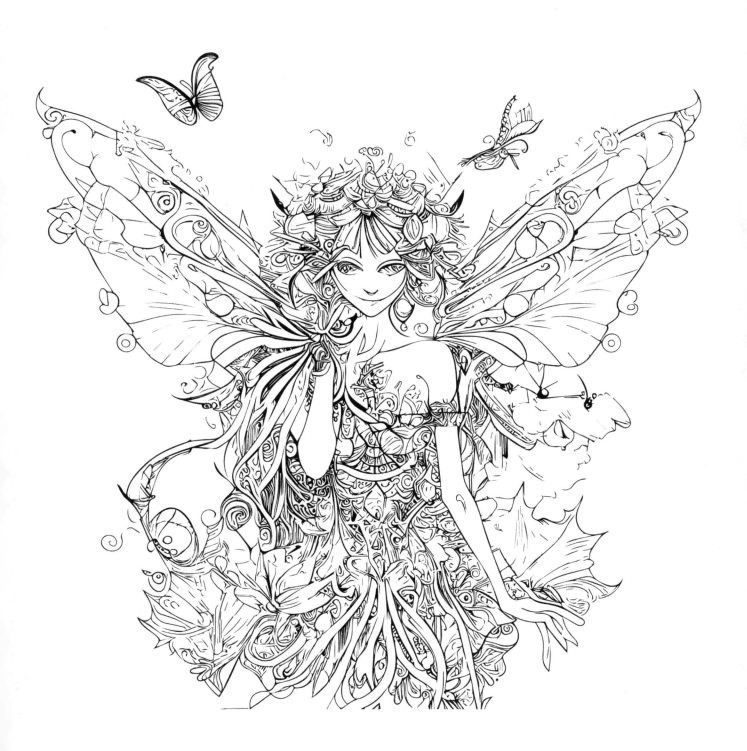

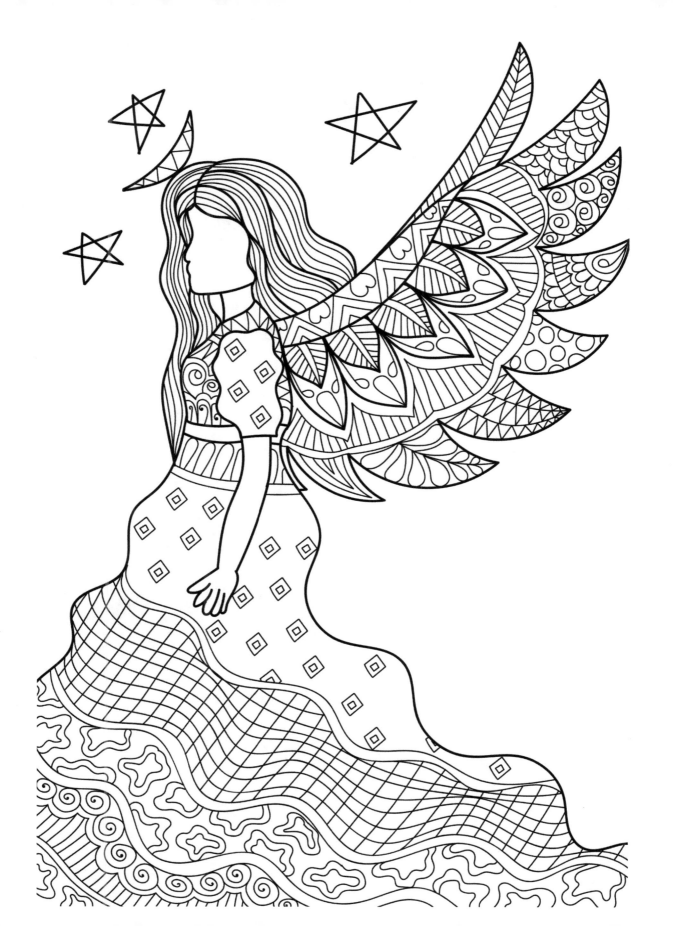

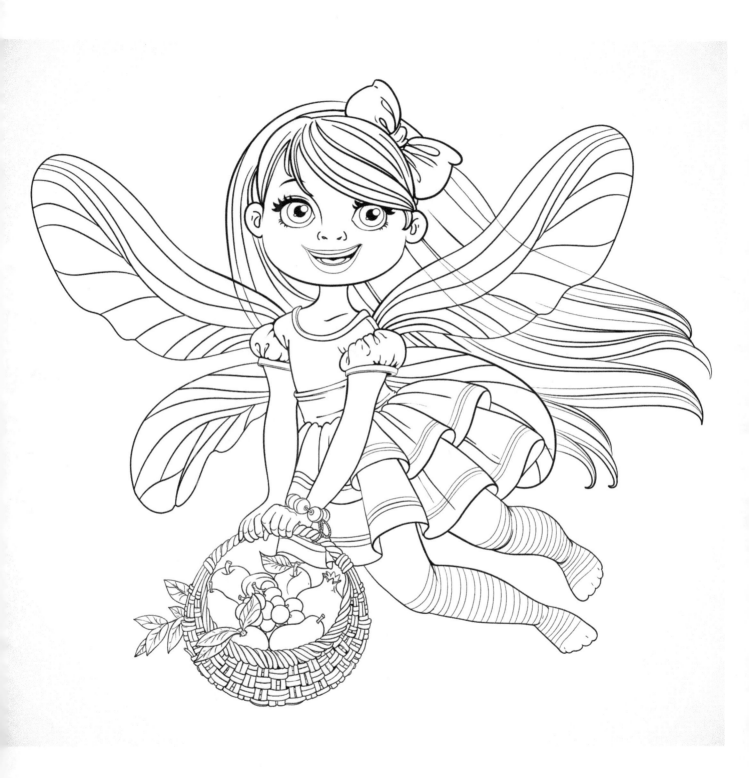

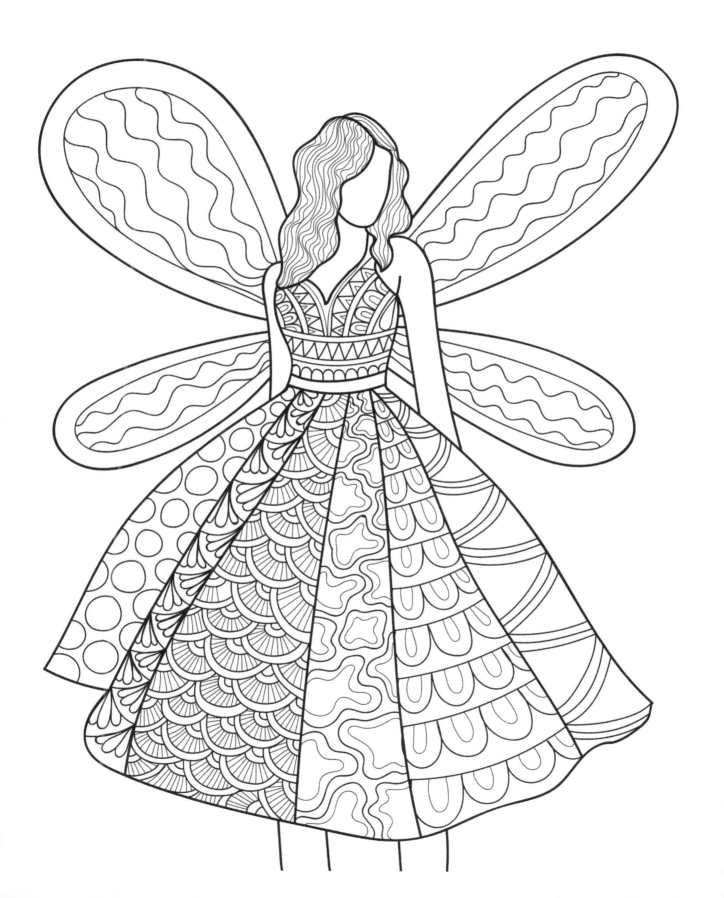

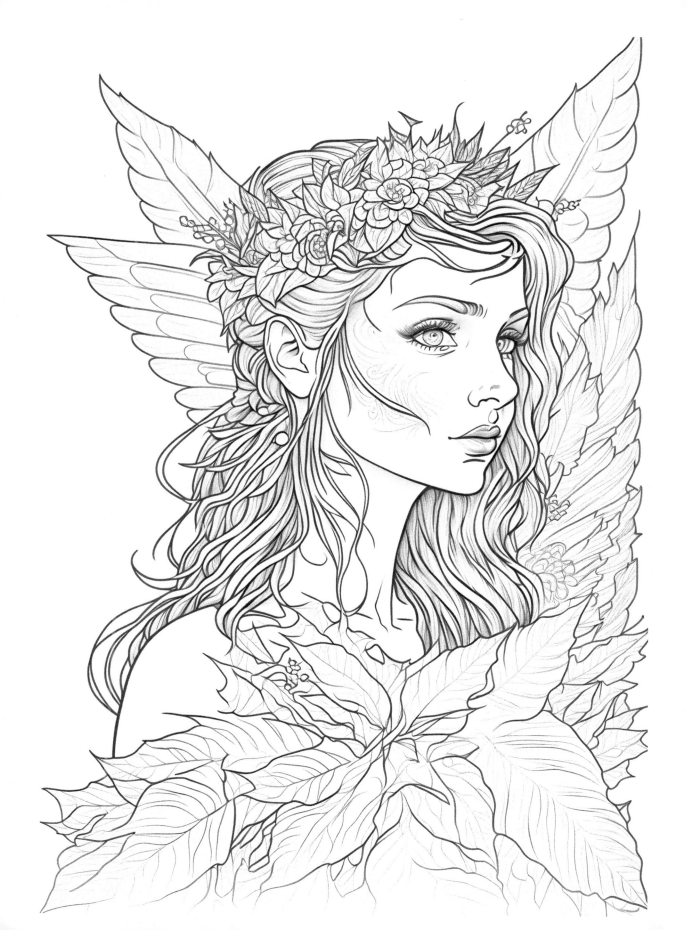

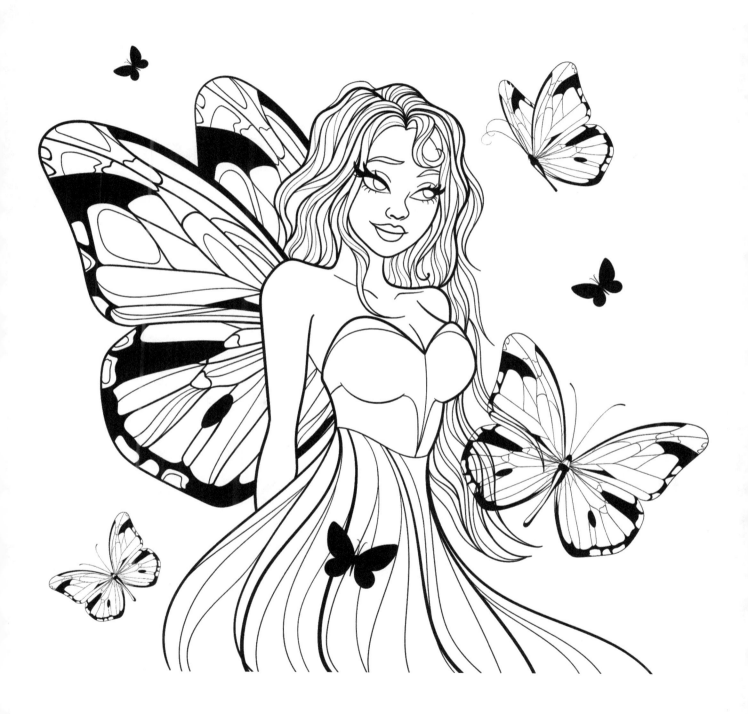

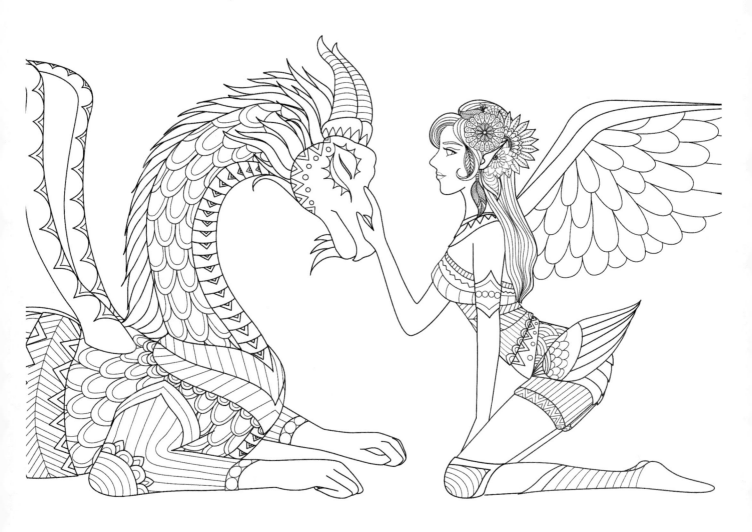

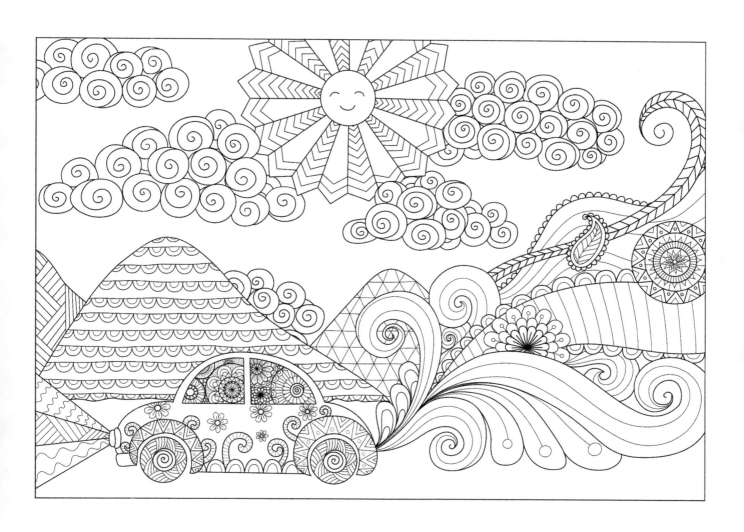

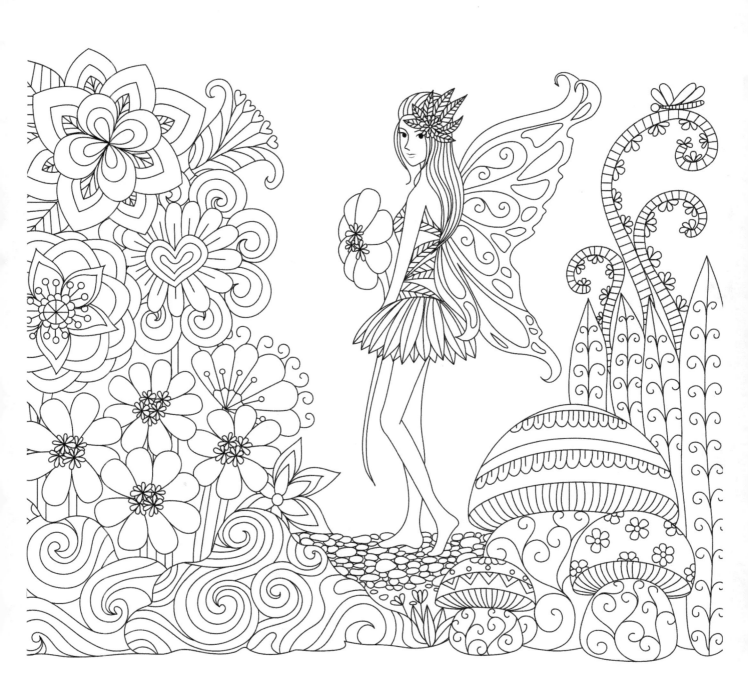

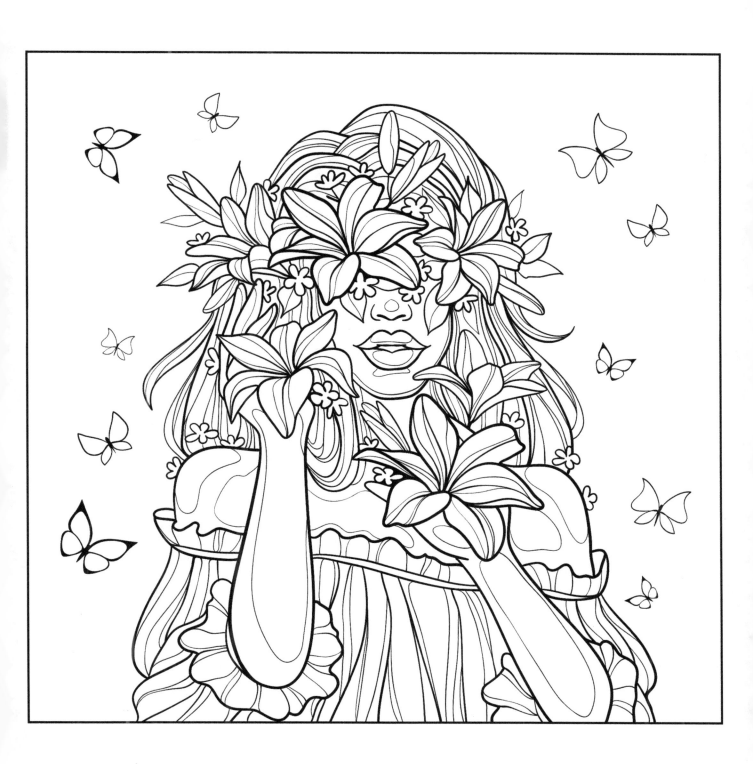

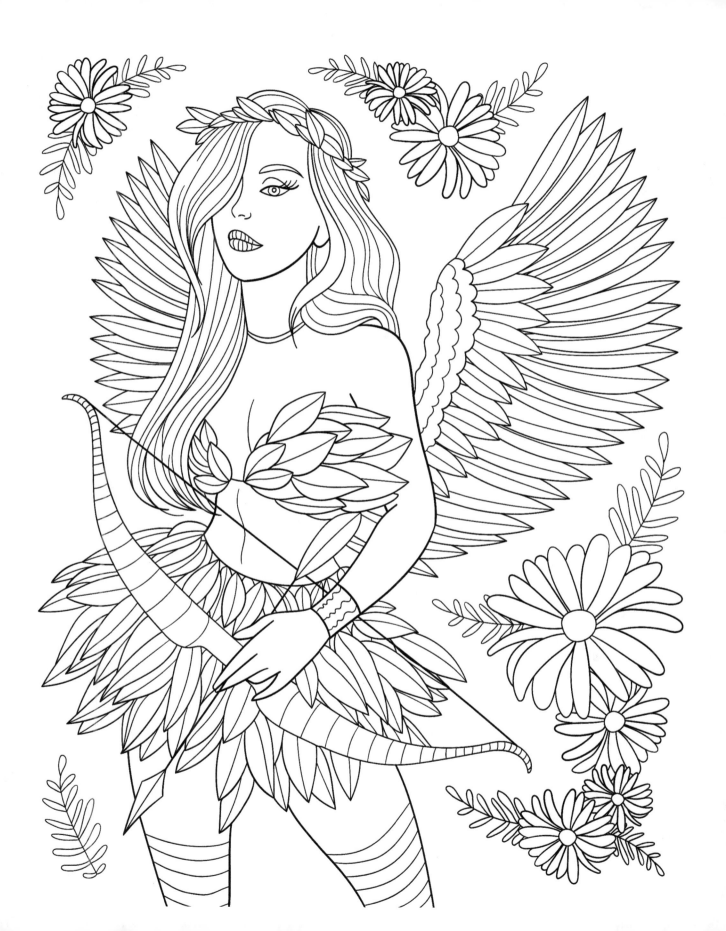

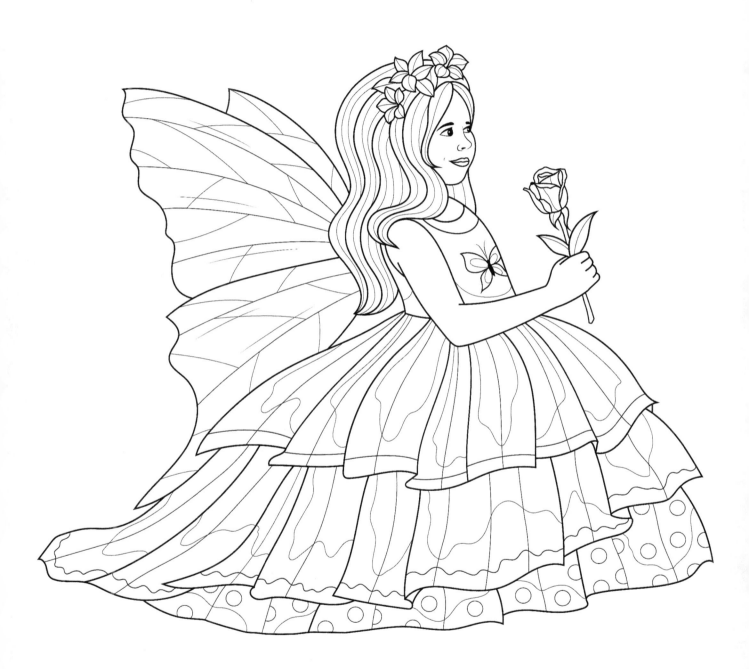

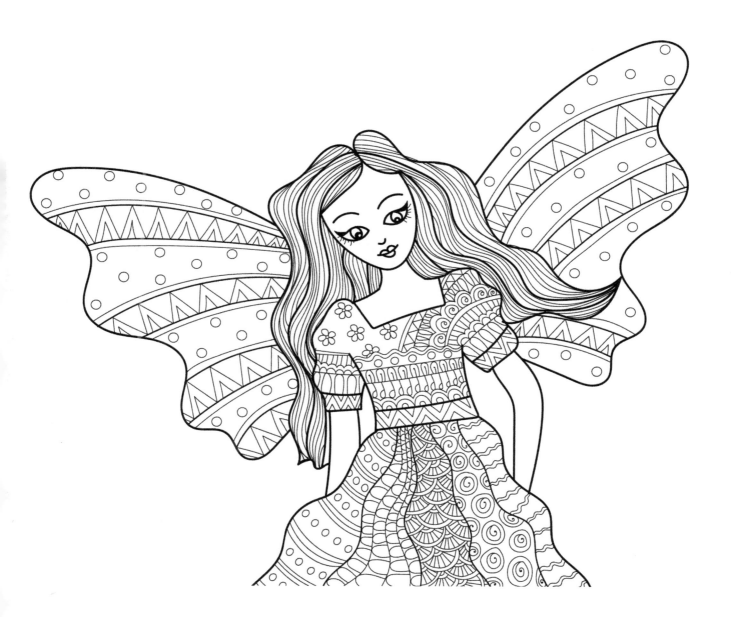

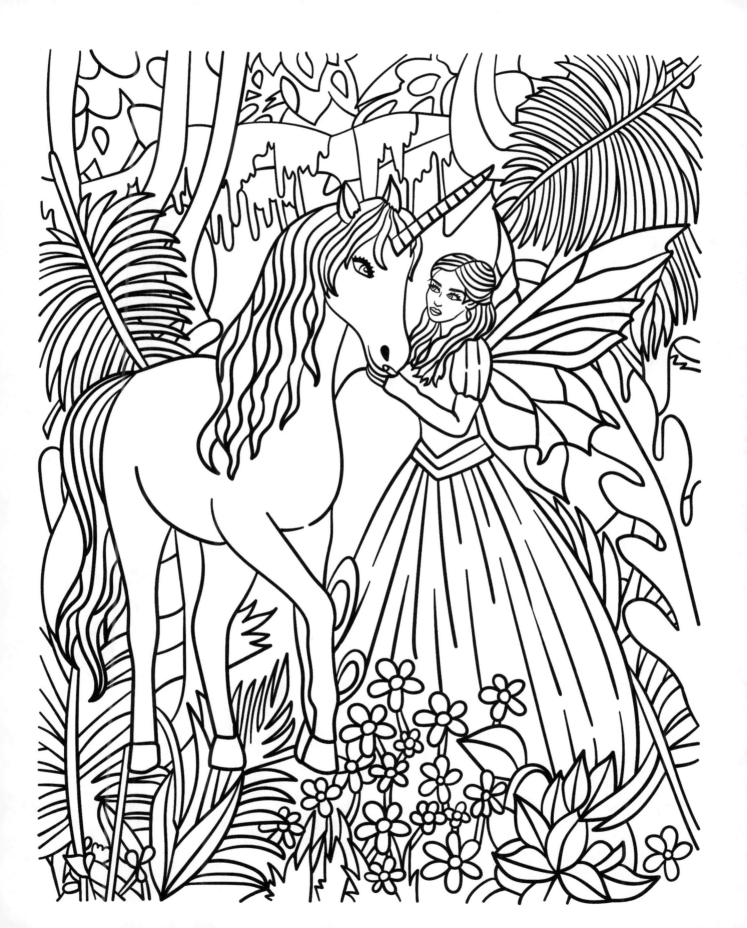

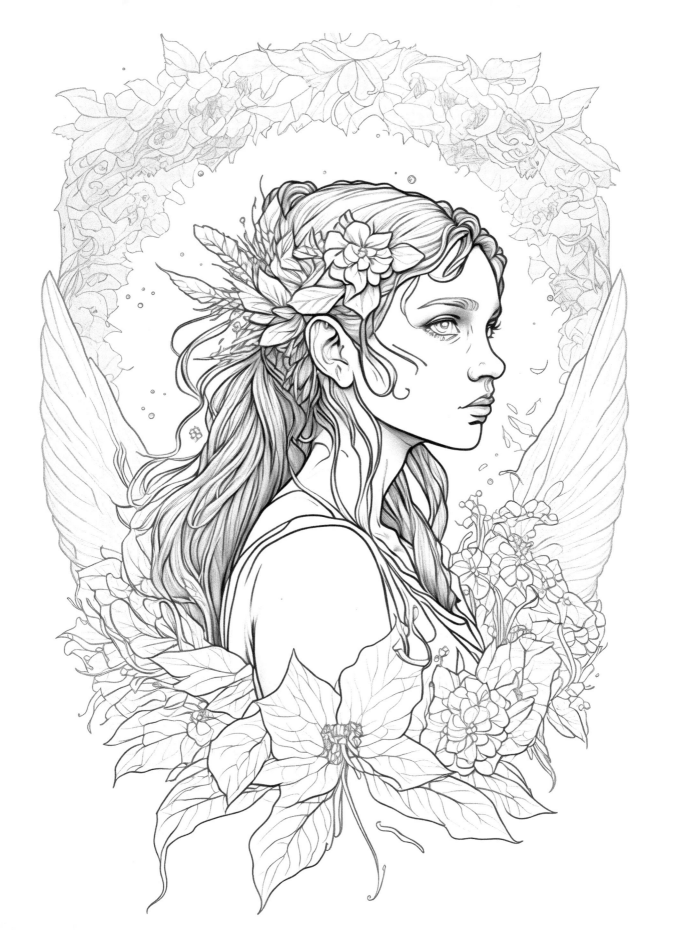

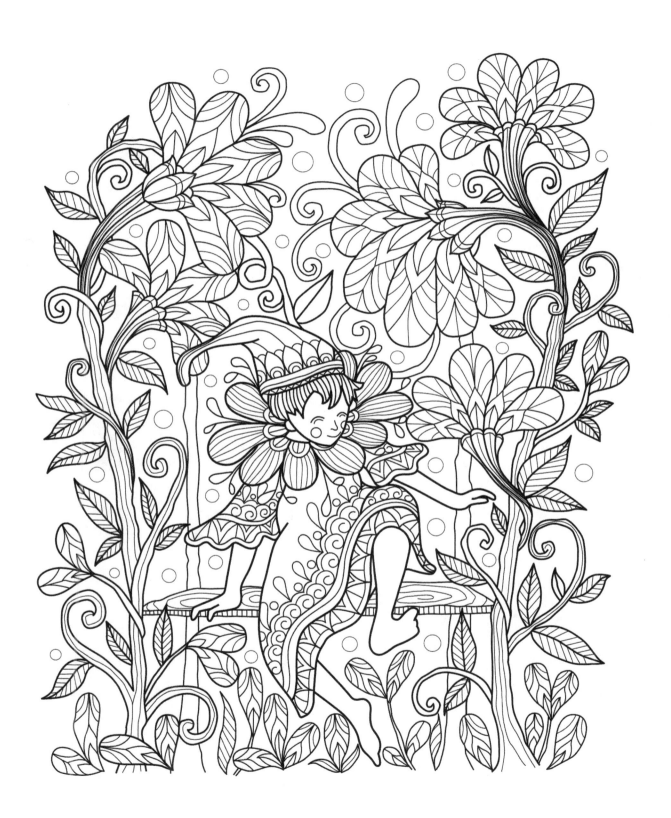

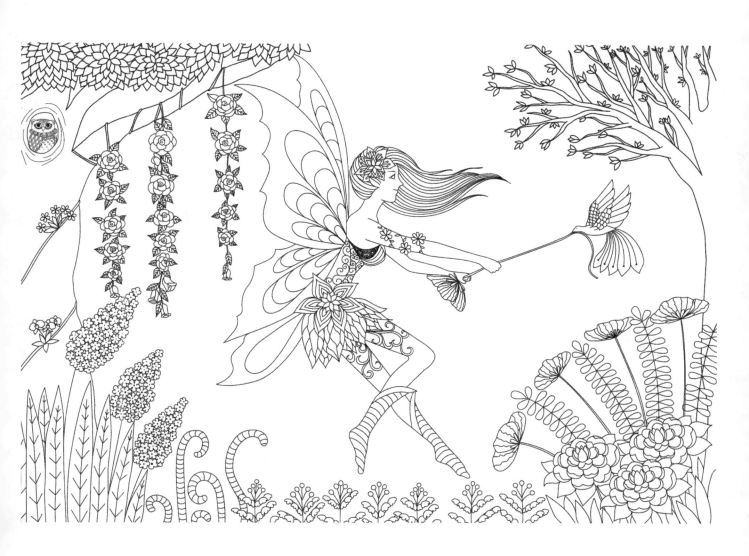

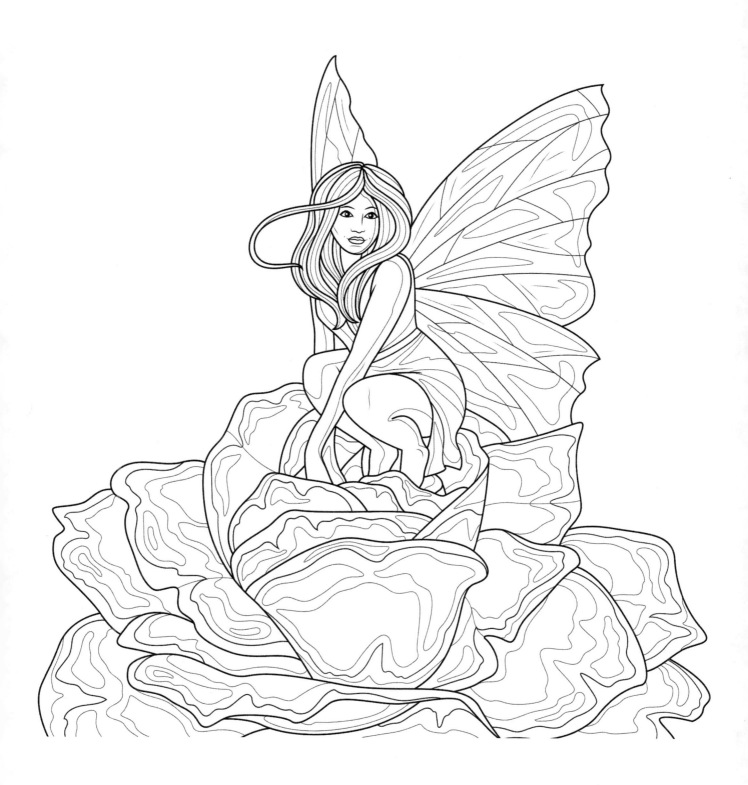

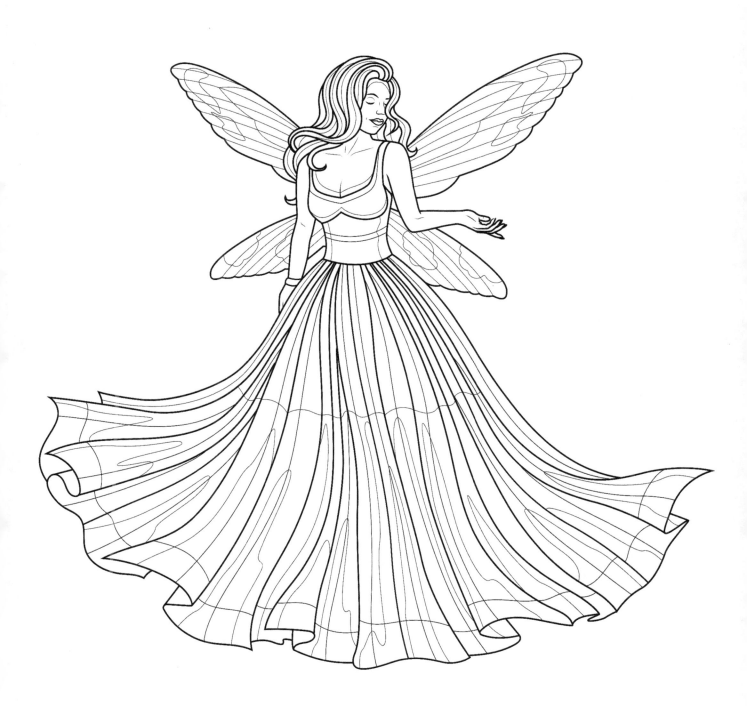

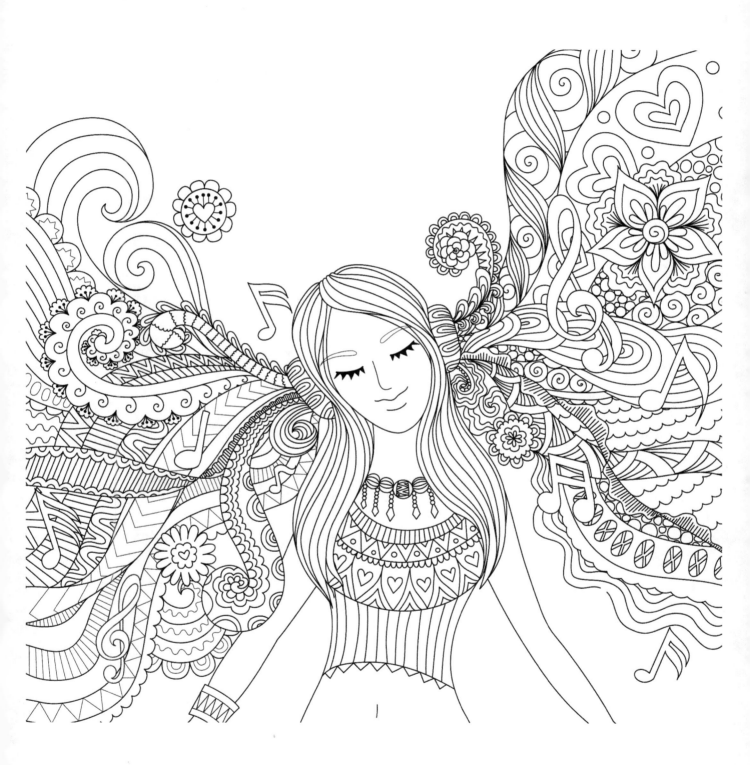

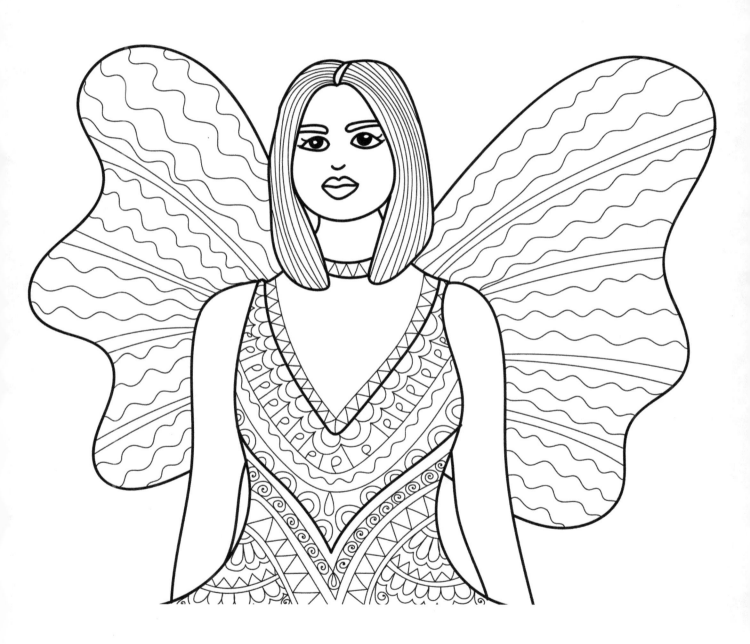

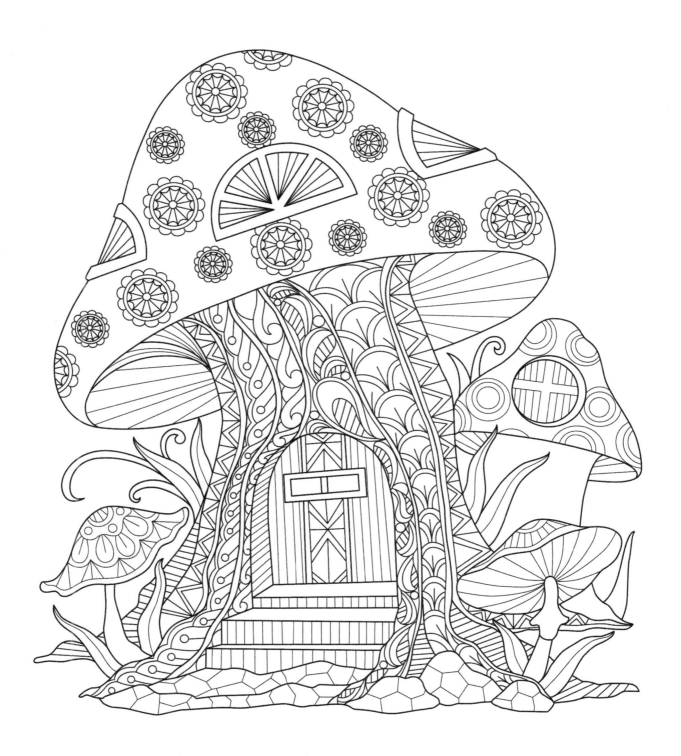

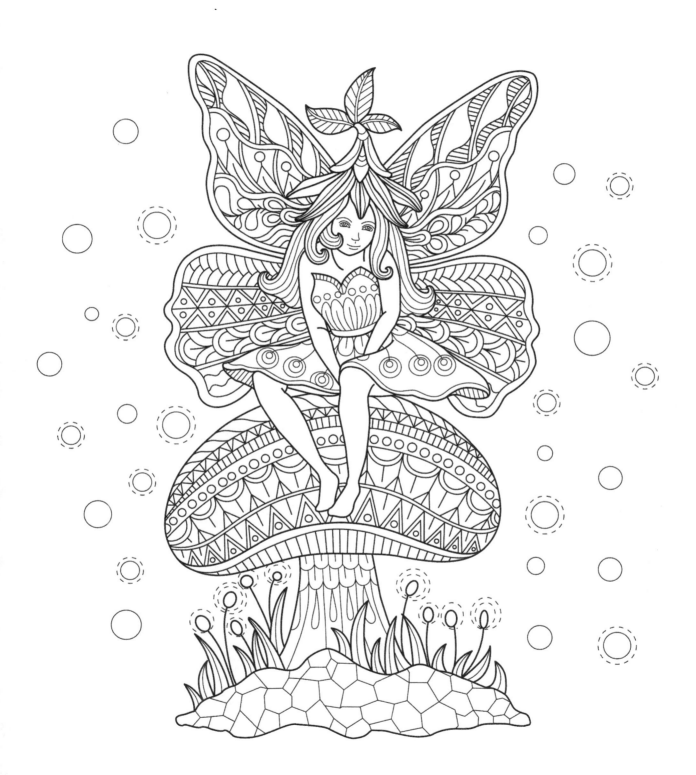

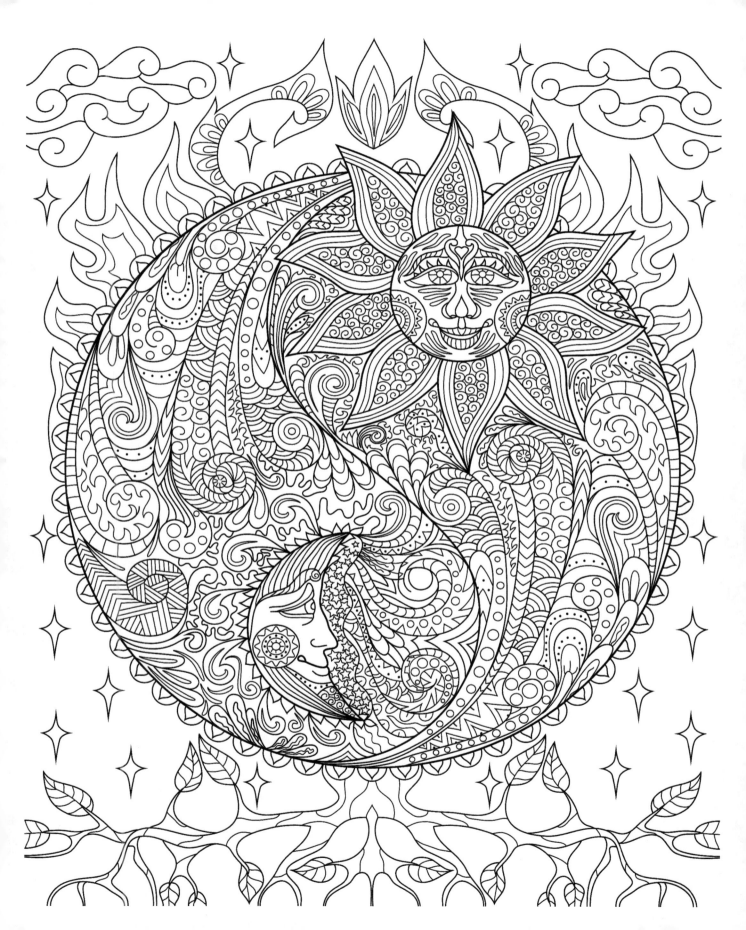

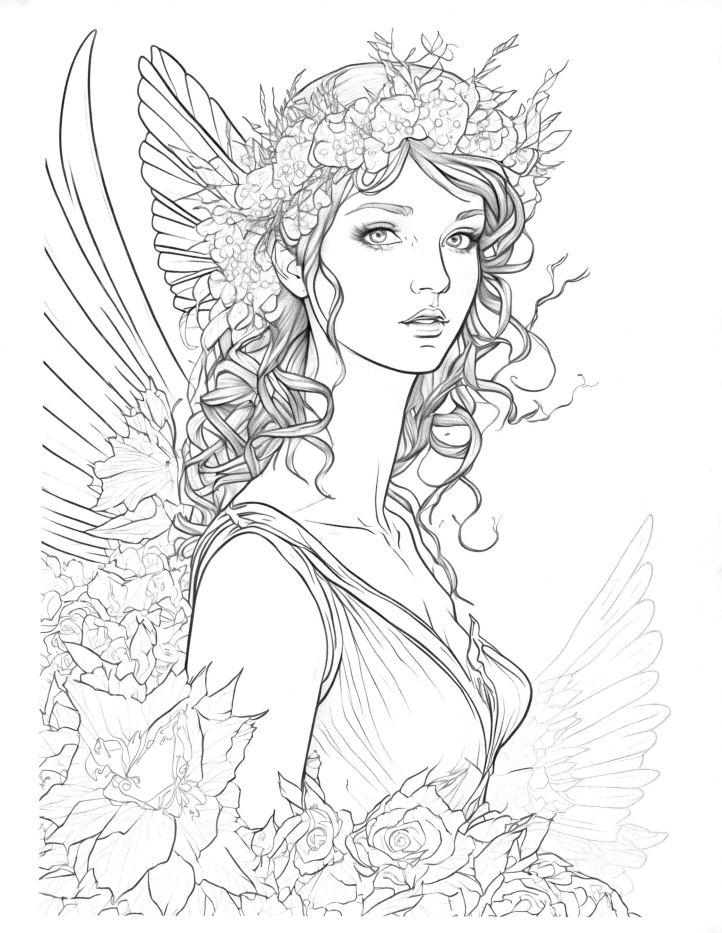

CPSIA information can be obtained
at www.ICGtesting.com
Printed in the USA
LVHW012027120523
746813LV00005B/104